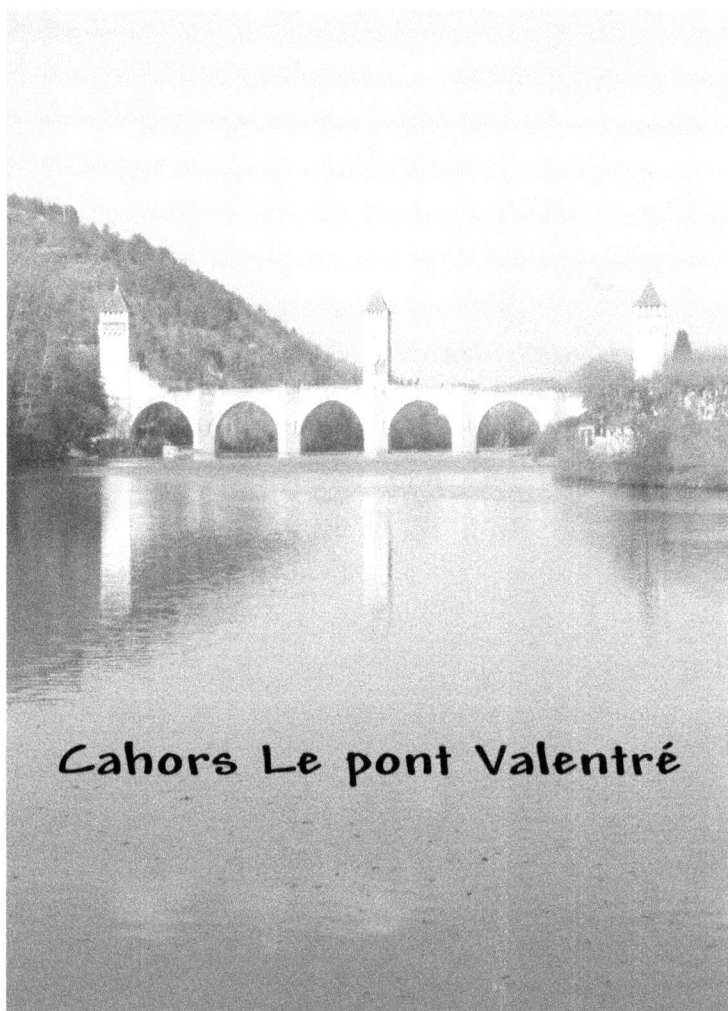

Cahors Le pont Valentré

Elle tiote aux deux chints doudous

Théâtre chti

Du même auteur*

Certaines œuvres sont connues sous différents titres.

Romans

La Faute à Souchon : (Le roman du show-biz et de la sagesse)
Quand les familles sans toit sont entrées dans les maisons fermées
Liberté j'ignorais tant de Toi (Libertés d'avant l'an 2000)
Viré, viré, viré, même viré du Rmi !
Ils ne sont pas intervenus (Peut-être un roman autobiographique)

Théâtre

Neuf femmes et la star
Les secrets de maître Pierre, notaire de campagne
Ça magouille aux assurances
Chanteur, écrivain : même cirque
Deux sœurs et un contrôle fiscal
Amour, sud et chansons
Pourquoi est-il venu :
Aventures d'écrivains régionaux
Avant les élections présidentielles
Scènes de campagne, scènes du Quercy
Blaise Pascal serait webmaster
Trois femmes et un Amour
J'avais 25 ans
« Révélations » sur « les apparitions d'Astaffort » Jacques Brel Francis Cabrel

Théâtre pour troupes d'enfants

La fille aux 200 doudous
Les filles en profitent
Révélations sur la disparition du père Noël
Le lion l'autruche et le renard,
Mertilou prépare l'été
Nous n'irons plus au restaurant

* extrait du catalogue, voir page 29

Stéphane Ternoise

Elle tiote aux deux chints doudous

Théâtre chti

Edition revue en novembre 2013 lors de sortie en papier.
Livre papier : http://www.livrepapier.com
Livre pixels : http://www.livrepixels.com

Collection **THEATRE**

Jean-Luc PETIT Editeur / livrepapier.com

Stéphane Ternoise
versant
théâtre :

http://www.**dramaturge**.fr

Tout simplement et logiquement !

Elle tiote aux deux chints doudous

Théâtre chti

Pitite pièche ed' théâte chti pou jonnes

Pièce de théâtre pour enfants

J'écris peu en chti. Après les premières représentations de "*la fille aux deux cents doudous*", s'imposa l'idée de vous proposer une version en chti. Mais je ne suis pas traducteur et je ne souhaitais pas la confier à d'autres mains... Ce fut donc long et je ne qualifierais pas ce texte de traduction mais d'approche chti, avec naturellement la même histoire et les mêmes personnages.

En 2011, "*la fille aux deux cents doudous*", pièce jouée en France mais également en Biélorussie et à Madagascar (et peut-être ailleurs...) fut traduite en anglais par Kate-Marie Glover, *The Teddy (Bear) Whisperer*, et en allemand par Jeanne Meurtin, *Das Mädchen mit den 200 Schmusetieren*. En 2013, María del Carmen Pulido Cortijo a réalisé sa traduction en espagnol : *La niña de los 200 peluches*

Stéphane Ternoise,

Jouer une pièce de théâtre, même pour un public restreint, même lors d'un spectacle gratuit, même avec uniquement des enfants sur scène, nécessite l'autorisation de son auteur (ou son représentant), et le versement de droits d'auteur (même d'un montant symbolique, suivant accord ; dans le cas présent, en contactant Stéphane Ternoise sur http://www.ternoise.fr ou son site dédié aux pièces de théâtre pour enfants http://www.comedie.es).

éoliennes du pas-de-calais

Elle tiote aux deux chints doudous

Théâtre chti

Six à eune vingtaine é d'jonnes.

Dins sin pieu, eune rojin, 6-7 ans. Alle est à peine visipe. Des doudous même su sin nez ! Des doudous auchi dins toute el champe.

Intrent des jonnes (au moins chinq, du même âche), su l'pointe é d'leux pieds. I ravisent, admirent, esse sourient, esse moutrent ches doudous.

Valhuon

Elle tiote aux deux chints doudous

Acte 1

1er jonne : - Dins s'champe, in avanche au ptiot bonhère el chance.

2eme jonne : - Même ès n'oreiller i'est invahi.

3eme jonne : - Ses meupes, chest pire qu'em' grand-mère aveuc ses pots ed' confiture.

4eme jonne : - Chest pire qu'min taïon aveuc ses boîtes à othieux.

Autre jonne : - Pire qu'elle amelle ed' mam

Elle tiote dech lit sourit, comme si alle s'apercevo seulemin ed' le présinche.

3eme jonne : - Chest l'tiote aux 200 doudous, in'a partout, in'a partout.

Autre jonne, in murmurant : - Chest l' tiote aux 200 doudous, in'a partout, in'a partout.

4eme jonne : - Chest l'tiote aux 200 doudous, tous ches p'tits loups n'in sont jaloux.

Elle tiote deche lit : - So.yez pas jaloux, mes camarates. O cro.yez pet-ête qu'in n'a pas ses tchiots mourons, quind in doué miler
du matin au soir 200 doudous ? Et même de ch'soir à ch'matin.

4eme jonne : - Des mourons comme cha, j'auro querre eud n'awoir.

Elle tiote deche lit : - Ché pas vraimint drôle, quind ch'souriceau i s'camuche d'sous pépé éléphant alors qui devro roupiler près d'se mère. Et o croyez pet-ête qui z'ont

11

sommeil tous in même temps ? Chest pire qu'un dortoir d'écolières.

4eme jonne : - In dortoir d'écolières, cha n'existe mi !

2eme jonne : - Mémé mo raconté : din l'nuit des temps, core awant l'an 2000, ches jonnes rintraient pas chez eux l'soir, i couchotent à leu école, dins in dortoir.

4eme jonne : - In dortoir ! Comme leus parint zétotent mécants !

2eme jonne : - Mais non grind bêta, y'avo pas d'bus.

4eme jonne : - Arrête ed' raconter des carabistoulles.

Elle tiote deche lit : - Chest pet-ête incroyape mais chest pourtant vrai. Et ches jonnes z'ont pas toudi eu des doudous comme nous z'autes, i se continteutent d'eine loque.

4eme jonne : - J'auro r'fusé ed' m'indormir ! J'auro manifesté ! J'auro houinné !

Autre jonne : - J'auro pinché !

4eme jonne : - J'auro déménagé chez m'taïonne (grand-mère possible) !

1er jonne, *vo vers eune étagère et print in tchien in peluche* : - I s'appelle commint ?

Elle tiote deche lit : - Chacun a sin surnom, d'arsoule à zouafe. Li, chest Scott-Key.

1er jonne : - Scott-Key ?

Elle tiote deche lit : - T'as pas cuji tin nom, ni tin surnom. Hé bien li, chéto in tchien abandonné. *(rêveuse, douchemin :)* J'avo quatre ans : i pleuvo, et li, i brayo alle vitrine d'un magasin,

4eme jonne *(à sin voisin)* : - Cha brait pas in doudou !

Elle tiote deche lit, *qui a intindu, s'tourne vers li* : - T'as d'jà oblié qu'un doudou, parfois, cha brait ! *(r'prenant sn'histoire*) I brayo alle vitrine de ch' magasin, aveuc eune étiquette à zn'orelle droite, eune vilaine étiquette toute jaune aveuc 5 lettes noires : s-o-l-d-e.

1er jonne : - Et ti, té savo pas qu'cha voulo dire SOLDE ! Hein !

Elle tiote deche lit : - J'avo quatre ans, l'obliez pas quind même ! Forchémint, j'a forché min pa à intrer, et aveuc toute el fierté ed' mes quatre ans, j'a d'mandé al vindeuse, in l'ravisant droit dins ses yux « i s'appelle vraimint solde ? »

1er jonne : - Té savo d'jà lire ?

Elle tiote deche lit : - Cha chest eune combine ed' min pa adoré ! J't'acate in doudou mais leçon d'orthographe tous les soirs, avant l'heure delle cafougnette. Chest comme cha qu'à trois ans et demi j'savo quasimin tout lire.

1er jonne : - Mais té croyo qu'SOLDE, chéto sin nom !

Elle tiote deche lit : - To jamais fait d'erreurs pu graf, biloute ?

1er jonne : - Chéto juste pou m'assurer qu'étaito pas eune génie ! Bon, alors, elle vindeuse, alle a rigolé aveuc tin pa ou alle t'a répondu ?

Elle tiote deche lit : - In m'répondait toudi, quind j'avo quatre ans et que je ravisais droit dins ches yux, té voué, comme cha (*alle le fixe*).

3eme jonne : - Alle a hurlé « eune martienne » ! Hein !

Elle tiote deche lit : - Euh…

3eme jonne : - Quo euh ?...

Elle tiote deche lit : - Bin l'vindeuse, alle a répondu : « euh… » Alors je n'yo expliqué, comme in explique à eune vindeuse qu'ya rien pigé : « o comprénez, j'o d'jà in doudou ap'lé SOLDE, eune grenouille rouche, alors, bien que j'souhaite l'adopter, j'auro peur qu'cha fasse du r'mue-ménache dins m'champe. »

3eme jonne : - Alle éto surtout surprise qu'té saches d'jà lire !

4eme jonne : - Alle so moquée ed' ti ?

Elle tiote deche lit : - Pas du tout, p'tiot galeux ! Alle mo répondu polimin, « sin vrai nom chest Scott-Key »... et in ton in d'sous, « chest eune bêtisse d'em' collèque. »

2eme jonne : - Alors tin pa té l'a acaté !

Elle tiote deche lit : - Commint t'as d'viné ? Mais j'o d'mandé, « o l'écrivez commint ? », alors j'la noté dins min calpin (*al print si carnet su l'tape ed' nuit, el feuillette tindremint*).

2eme jonne : - Cha veut dire quo, Scott-Key ?

Elle tiote deche lit : - Ché un checret !

4eme jonne : - T'in sait rien ! Ché du wallon ! Hein !

Elle tiote deche lit : - Mais t'es auchi polichon qu'ches quinquins
hérichons.

4eme jonne : - Allez, donne-nous l'solution.

Elle tiote deche lit : - Même aveuc ches doudous, i doit rester in peu d' mystère dins l'choix d'ches surnoms.

Chœur d'chés jonnes :

Chest l'tiote aux 200 doudous, in'a partout, in'a partout.
Chest l'tiote aux 200 doudous, tous ches p'tits loups in sont jaloux.
Chest l'tiote aux 200 doudous, ses checrets sont pas pou nous.

14

3eme jonne : - Commint té t'arpères, hein ?

Elle tiote deche lit : - Au début, chéto lundi doudous blancs, mardi maufes, mercredi marron, jeudi jaunes, vendredi verts, samedi sape et diminche é z'autes couleurs.
2eme jonne : - Vive el lundi !

Elle tiote deche lit : - Asteure, ches jours d'elle semaine s'appellent ducasse aux garinos, é d'chès cats, à z'anettes. Ducasse des ourchons, aux tchiens et d'chès bizarres.
4eme jonne : - Et ch'septième jour ?

Elle tiote deche lit : - Biboute sait compter ! Ah ! Ech septième jour…
Ches jonnes : - Oh raconte !…

Elle tiote deche lit : - Ech septième jour, ché in peu spécial : chest l'jour des z'élections.
Ches jonnes : - Des z'élections !?

Elle tiote deche lit : - Par in vote, forchémint à pattes él'vées, ches doudous décident de ch'gagnant.
4eme jonne : - Y'a quoi à gagner ?

Elle tiote deche lit : - El plus biaux des cadieaux !
Un jonne : - Eune tenue ed' Zorro ?

Elle tiote deche lit hausse ches épaules.
Chès réponses fusent...

Un jonne : - Eune écharpe ed Lens ? In bandana ?
Un jonne : - In yaourt aux fraises ?
Un jonne : - Des mapes ?
Un jonne : - Un ringningnin ? Un manicraque ?
Un jonne : - In trinkdal… ?
Un jonne : - Eune maronne ?
(d'autes réponses, peuvent êtes ajoutées)

15

Un jonne : - Allez, té nous l'dis, hein…

Elle tiote deche lit : - El plus bieau des cadieaux dont peut rêver un doudou… ech gagnant dort dins mes bras.

4eme jonne *spontanémint* : - J'peux participer à z'élections ?

> *Elle tiote deche lit, li sourit ; tous el ravissent ; y'est* *gêné.*

3eme jonne : - Té dors incore aveuc in doudou dins tes bras !

Elle tiote deche lit : - Pas ti ?

3eme jonne : - Eh… (*tous el ravissent*)

3eme jonne : - Normalemint chest min checret.

Elle tiote deche lit : - Si quéquin rit d'ti parce qu'té dors aveuc in doudou dins tes bras, edmante-teux si profite vraimint ed' chaque seconde dè.s nuit.

Autre jonne : - Et in jour, tes doudous iront arch garnier ?

Elle tiote deche lit : - Grandir, ché pas forchémint s'élogner ed' ses doudous, et surtout pas é z'arnier !

Chœur d'chés jonnes :

> Chest l'tiote aux 200 doudous, in'a partout, in'a partout.
> Chest l'tiote aux 200 doudous, tous ches p'tits loups in sont jaloux.
> Chest l'tiote aux 200 doudous, ses checrets sont pas pou nous.

I sortent ed' scène (in courant sul pointe ed leus pieds).

Elle tiote deche lit : - Bon, asteure, ches doudous, elle récréation ché terminé. *In arrête de s'printe pou des jonnes (s'tournant vers in arnard)* : j'aimero bin dormir, mi, quind même, in p'tiot peu. L' exagère c'te monsieur Renardo des Tillus d'étagères.

Ech 4eme jonne passe esse tête alle porte, gêné, toussote, sans parvenir à attirer l'attention. Timidemint.

4eme jonne : - Mamzelle, mamzelle... (*elle tiote s'tourne vers li et sourit*)
4eme jonne : - Ch'éto pou ed' vrai, quind j'a parlé des z'élections.

Elle tiote deche lit : - J'sais, j'sais... mais si t'as pas ches voix des garinos et des z'ours, t'es peux pas gagner... (*ech quatrième jonne y'est triste*) pet-ête que dins dix jans, j'sero l'seule électrice.

Fin

17

ICI DANS CETTE MAISON Mʳ VINCENT
AYANT DONNÉ TOUS SES MEUBLES
S'ASSEYAIT AVEC SON SAINT NEVEU
SUR LES REBORDS D'UN TROU
PRATIQUÉ DANS LE MILIEU DU SOL

Conteville

La fille aux 200 doudous

Pièce pour enfants en un acte

Distribution :

Six à une vingtaine d'enfants.

Scène : dans son lit, une fillette, 6-7 ans, à peine visible. Trop de doudous ! Des doudous aussi dans toute la chambre.

Entrent des enfants (minimum cinq, même âge), sur la pointe des pieds. Ils observent, admirent, se sourient, s'extasient, se montrent des doudous.

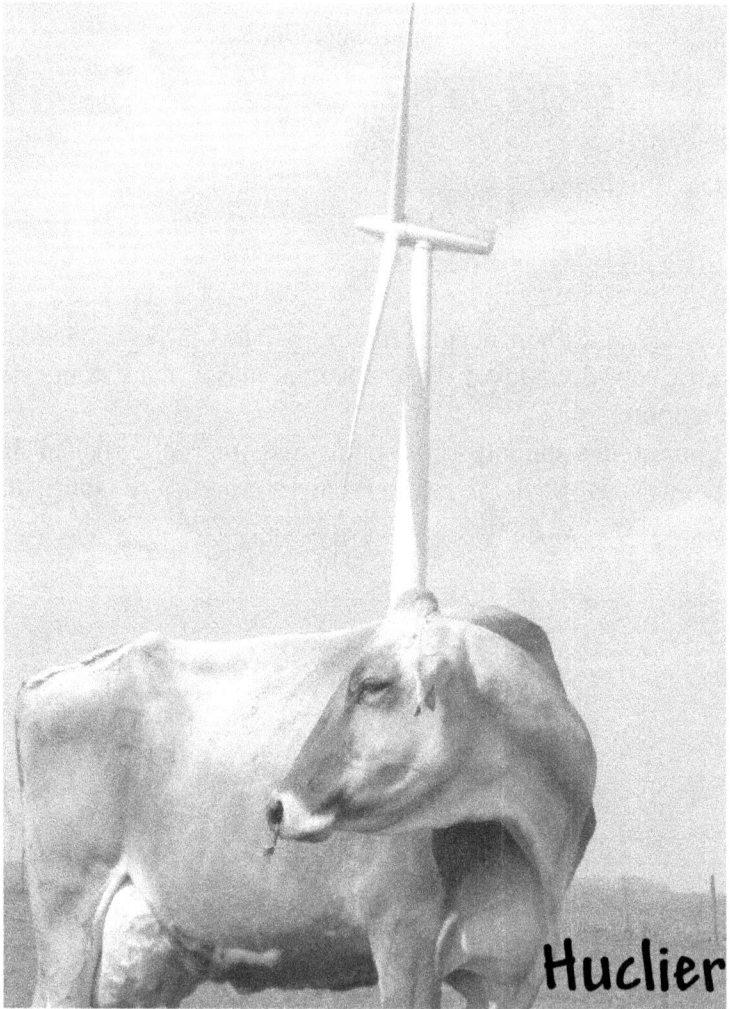

Huclier

La fille aux 200 doudous

Acte 1

1er enfant : - Dans sa chambre, on avance au p'tit bonheur la chance.

2eme enfant : - Même son oreiller est envahi.

3eme enfant : - Ses étagères, c'est pire que ma grand-mère avec ses pots de confiture.

4eme enfant : - C'est pire que mon grand-père avec ses boîtes à outils.

Autre enfant : - Pire que la garde-robe de maman

La fillette du lit sourit, comme si elle s'apercevait seulement à l'instant de leur présence.

3eme enfant : - C'est la fille aux 200 doudous, y'en a partout, y'en a partout.

Autre enfant reprend en murmurant : - C'est la fille aux 200 doudous, y'en a partout, y'en a partout.

4eme enfant : - C'est la fille aux 200 doudous, tous les p'tits loups en sont jaloux.

La fillette du lit : - Ne soyez pas jaloux, mes amis. Vous croyez peut-être qu'on n'a pas ses petits soucis, quand on doit surveiller du matin au soir 200 doudous ? Et même du soir au matin.

4eme enfant : - Des soucis comme ça, j'aimerais bien en avoir.

La fillette du lit : - Pourtant, ce n'est pas spécialement drôle, quand souriceau se cache derrière papa éléphant alors qu'il devrait dormir près de sa tendre maman. Et la nuit, vous croyez peut-être que tous ont sommeil en même temps ? C'est pire qu'un dortoir d'écolières.

4eme enfant : - Un dortoir d'écolières, ça n'existe pas !
2eme enfant : - Mamie m'a raconté : il y a très très longtemps, c'était bien avant l'an 2000, les enfants ne rentraient pas chez eux le soir mais restaient dormir à l'école, dans un dortoir.
4eme enfant : - Un dortoir ! Comme leurs parents étaient méchants !
2eme enfant : - Mais non grand bêta, ce n'était pas possible autrement, il n'y avait pas de bus.
4eme enfant : - Arrête de raconter des blagues.
La fillette du lit : - C'est peut-être surprenant mais c'est pourtant vrai. Et les enfants n'ont pas toujours eu des doudous comme nous, beaucoup se contentaient d'un simple chiffon.
4eme enfant : - J'aurais refusé de dormir ! J'aurais manifesté ! J'aurais crié !
Autre enfant : - J'aurais pincé !
4eme enfant : - J'aurais déménagé chez grand-mère !

1er enfant, *va vers une étagère et prend un chien en peluche* : - Il s'appelle comment ?

La fillette du lit : - Chacun a son surnom, d'abat-jour à zombou. Quant à lui, c'est Scott-Key.
1er enfant : - Scott-Key ?

La fillette du lit : - Je suppose que tu n'as pas choisi ton nom, pas même ton prénom ni ton surnom. Hé bien lui, c'était un chien abandonné. (*rêveuse, doucement :*) J'avais quatre ans : il pleuvait, et lui pleurait à la vitrine d'un magasin,
4eme enfant (*à son voisin*) : - Ça ne pleure pas un doudou !

La fillette du lit, *qui a entendu, se tourne vers lui* : - Tu as déjà oublié qu'un doudou, parfois, ça pleure ! (*reprenant l'histoire*) il pleurait à la vitrine d'un magasin, avec une étiquette à l'oreille droite, une vilaine étiquette jaune avec 5 lettres majuscules noires : s-o-l-d-e.

1er enfant : - Et toi, tu ne savais pas que ça voulait dire SOLDE !

La fillette du lit : - J'avais quatre ans, ne l'oubliez pas quand même ! Forcément, j'ai forcé mon papa à entrer, et avec toute la fierté de mes quatre ans, j'ai demandé à la vendeuse, en la regardant bien droit dans les yeux « il s'appelle vraiment solde ? »

1er enfant : - Tu savais déjà lire ?

La fillette du lit : - Ça c'est une combine de mon papa adoré ! Je t'achète un doudou mais cours d'orthographe chaque soir, avant la lecture d'une histoire. C'est ainsi qu'à trois ans et demi je savais presque tout lire.

1er enfant : - Mais tu croyais que SOLDE, c'était son nom !

La fillette du lit : - N'as-tu jamais fait d'erreurs qu'aujourd'hui tu trouves plus grotesques ?

1er enfant : - C'était juste pour vérifier que tu n'étais pas une petite génie ! Bon, alors, la vendeuse, elle a souri en interrogeant ton papa du regard ou elle t'a répondu ?

La fillette du lit : - On me répondait toujours, quand j'avais quatre ans et que je regardais droit dans les yeux, tu vois, comme ça (*elle le fixe*).

3eme enfant : - Elle a hurlé « une martienne » !

La fillette du lit : - Euh…

3eme enfant : - Quoi euh ?...

La fillette du lit : - Bin la vendeuse, sans détourner les yeux, a répondu : « euh… » Alors je lui ai expliqué, comme on parle à une vendeuse qui n'a rien compris : « vous voyez, j'ai déjà un doudou prénommé SOLDE, une adorable grenouille rouge cerise Burlat, alors, bien que je souhaite l'adopter, j'aurais trop peur que ça crée de la confusion dans ma chambre. »

3eme enfant : - Elle était surtout surprise que tu saches déjà lire !

4eme enfant : - Elle s'est moquée de toi ?

La fillette du lit : - Pas du tout, petit impertinent ! Elle m'a répondu poliment, « son véritable nom c'est Scott-Key »… et un ton en dessous, « c'est une erreur de ma collègue. »

2eme enfant : - Alors ton papa te l'a acheté !

La fillette du lit : - Comment as-tu deviné ? Mais avant j'ai demandé, « et vous écrivez ça comment », alors j'ai noté ce mot nouveau dans mon carnet (*elle prend le carnet sur la table de nuit, le feuillette tendrement*).

2eme enfant : - Ça veut dire quoi, Scott-Key ?

La fillette du lit : - Secret !

4eme enfant : - Tu réponds ça car tu n'en sais rien !

La fillette du lit : - Mais tu es aussi polisson que les bébés hérissons.

4eme enfant : - Allez, donne-nous la solution.

La fillette du lit : - Même au sujet des doudous, il doit rester un peu de mystère dans le choix des surnoms.

Chœur des enfants :

> C'est la fille aux 200 doudous, y'en a partout, y'en a partout.
> C'est la fille aux 200 doudous, tous les p'tits loups en sont jaloux.
> C'est la fille aux 200 doudous, ses secrets sont pas pour nous.

3eme enfant : - Comment tu te repères ?

La fillette du lit : - Avant, c'était lundi doudous blancs, mardi mauves, mercredi marron, jeudi jaunes, vendredi verts, samedi sable et dimanche autres couleurs.

2eme enfant : - Le lundi était roi !

La fillette du lit : - Maintenant, les jours de la semaine s'appellent fête des lapins, des chats, des canards. Fête des oursons, des toutous et des bizarres.

4eme enfant : - Et le septième jour ?

La fillette du lit : - Monsieur sait compter ! Ah ! Le septième jour...

Les enfants : - Oh raconte !...

La fillette du lit : - Le septième jour est... un peu spécial dans le nouveau calendrier des doudous... c'est le jour des élections.

Les enfants : - Des élections !?

La fillette du lit : - Par un vote, naturellement à pattes levées, les doudous décident qui sera célébré.

4eme enfant : - Y'a quoi à gagner ?

La fillette du lit : - Le plus beau des cadeaux !

Un enfant : - Une tenue de Zorro ?

La fillette du lit hausse les épaules.
Les réponses fusent à son grand désappointement :

Un enfant : - Une écharpe ? Un bandana ?

Un enfant : - Un yaourt aux fraises ?

Un enfant : - Des billes ?

Un enfant : - Une game boy ?

Un enfant : - Un puzzle... de cochons des Pyrénées ?

Un enfant : - Une plaque de chocolat... suisse ?

(lors des représentations, d'autres réponses, suivant les goûts et l'actualité, peuvent être ajoutées, préférées)

Un enfant : - Allez, dis-nous…

La fillette du lit : - Le plus beau des cadeaux dont peut rêver un doudou… le gagnant dort dans mes bras.

4eme enfant spontanément : - Je peux participer aux élections ?

La fillette du lit lui sourit ; tous le regardent ; il est gêné.

3eme enfant : - Tu dors encore avec un doudou dans les bras !

La fillette du lit : - Pas toi ?

3eme enfant : - Eh… (*tous la regardent*)

3eme enfant : - Mais normalement c'est un secret.

La fillette du lit : - Si quelqu'un rit de toi parce que tu dors avec un doudou dans les bras, demande-toi s'il profite vraiment de chaque seconde de sa nuit.

Autre enfant : - Et un jour, tes doudous iront au grenier ?

La fillette du lit : - Grandir, ce n'est pas forcément s'éloigner de ses doudous, et surtout pas les renier !

Chœur des enfants :

> C'est la fille aux 200 doudous, y'en a partout, y'en a partout.
> C'est la fille aux 200 doudous, tous les p'tits loups en sont jaloux.
> C'est la fille aux 200 doudous, et nous avons rendez-vous avec nos doudous.

Ils sortent de scène (en courant sur la pointe des pieds).

La fillette du lit : - bon, maintenant, les doudous, la récréation est terminée. On arrête de se prendre pour des enfants (*se tournant vers un renard*) : j'aimerais bien dormir, moi, quand même, un peu. Il exagère ce monsieur Renardo des Forêts d'étagères.

Le 4eme enfant passe la tête à la porte, gêné, toussote un peu, sans parvenir à attirer l'attention. Timidement.

4eme enfant : - mademoiselle, mademoiselle… (*la fillette se tourne vers lui et lui sourit*)

4eme enfant : - c'était pour de vrai, quand j'ai parlé des élections.

La fillette du lit : - je sais, je sais… mais si tu n'as pas les voix des lapins et des ours, tu n'as aucune chance de gagner… (*le quatrième enfant est triste*) peut-être que dans dix ans, je serai la seule électrice.

Rideau - Fin

Stéphane Ternoise

Stéphane Ternoise est né en 1968. Il publie depuis 1991. Il est depuis son premier livre éditeur indépendant.

Ses 15 premiers livres sont disponibles en papier dos carré collé.

La Révolution Numérique, le roman, le combat, les photos, 2013

Théâtre pour femmes, 2010

Ils ne sont pas intervenus (le livre des conséquences), roman, 2009

Théâtre peut-être complet, théâtre, 2008

Global 2006, romans, théâtre, 2007

Chansons trop éloignées des normes industrielles et autres Ternoise-non-autorisé, 2006

Théâtre de Ternoise et autres textes déterminés, 2005

La Faute à Souchon ?, roman, 2004

Amour - État du sentiment et perspectives, essai, 2003

Vive le Sud ! (Et la chanson... Et l'Amour...), théâtre, 2002

Chansons d'avant l'an 2000, 120 textes, 1999

Liberté, j'ignorais tant de Toi, roman, 1998

Assedic Blues, Bureaucrate ou Quelques centaines de francs par mois, essai, 1997

Arthur et Autres Aventures, nouvelles, 1992

Éternelle Tendresse, poésie, 1991

http://www.livrepapier.com propose d'autres livres, imprimés à la demande.

Versant numérique...

http://www.ecrivain.pro essaye d'être complet, avec un "blog" (je préfère l'expression "une partie des chroniques"). Mais il ne peut naturellement pas copier coller l'ensemble des textes présentés ailleurs. En ebooks, mes principales publications peuvent se diviser en trois versants : romans, essais, pièces de théâtre (il existe aussi des recueils de chansons et des livres de photos de présentation du Sud-Ouest).

Comprendre le développement numérique de la littérature m'a permis d'obtenir les domaines :

http://www.romancier.net

Peut-être un roman autobiographique y est à la une. Ce sont les lectrices et lecteurs qui décident de la vie d'une œuvre. Ce roman bénéficie d'excellentes critiques, régulières... mais de ventes lentes. Un roman sûrement plus difficile d'accès que la moyenne. Pour un lectorat exigeant. La formation d'un écrivain ? La résilience, passée par l'amour, les amours.

http://www.dramaturge.net

Mes pièces de théâtre sont désormais parfois jouées. Elles sont toutes disponibles en ebooks.

http://www.essayiste.net

Le monde de l'édition décrypté, comme dans *Écrivains, réveillez-vous ? - La loi 2012-287 du 1er mars 2012 et autres somnifères ou Le livre numérique, fils de l'auto-édition.* Mais également l'amour analysé dans une perspective stendhalienne avec création du concept de sérénamour, *Amour - état du sentiment et perspectives* et la politique nationale, ses grandes tendances, ses personnages principaux...

Les 4 meilleures ventes d'un écrivain indépendant...

Ecrivain engagé dans le numérique, militant de l'ebook, c'est sur Amazon que se concrétisent mes meilleures ventes.

Elles sont présentées page
http://www.ecrivain.pro/meilleuresventes20120712.html

1) *Peut-être un roman autobiographique*
Le cinquième roman. Porté par de très bonnes critiques... reste en ventes lentes... mais quotidiennes...

2) *Le guide de l'auto-édition numérique en France (Publier et vendre des ebooks en autopublication)*

Il s'est (logiquement) imposé comme LA référence.

3) *Le livre numérique, fils de l'auto-édition*
Une compréhension de la révolution du livre numérique, inscrite dans l'auto-édition historique qui n'est jamais parvenue à briser les barrières mises en place devant les médias pour que ne puissent être vues les œuvres indépendantes.

4) *Comment devenir écrivain ? Être écrivain ? (Écrire est-ce un vrai métier ? Une vocation ? Quelle formation ?...)*
Tout écrivain en herbe se doit de lire cette approche publiée fin juin 2012... Les lectrices et lecteurs qui souhaitent "comprendre" un écrivain peuvent naturellement s'y confronter...

Catalogue numérique

Romans : (http://www.romancier.net)
*Ils ne sont pas intervenus (le livre des conséquences)
également en version numérique sous le titre Peut-être un
roman autobiographique*
La Faute à Souchon ? *également en version numérique sous le
titre* **Le roman du show-biz et de la sagesse (Même les dolmens
se brisent)**
*Liberté, j'ignorais tant de Toi également en version numérique
sous le titre Libertés d'avant l'an 2000)*
Viré, viré, viré, même viré du Rmi
*Quand les familles sans toit sont entrées dans les maisons
fermées*

Théâtre : (http://www.theatre.wf)
Théâtre peut-être complet
La baguette magique et les philosophes
Quatre ou cinq femmes attendent la star
Avant les élections présidentielles
Les secrets de maître Pierre, notaire de campagne
Deux sœurs et un contrôle fiscal
Ça magouille aux assurances
Pourquoi est-il venu ?
Amour, sud et chansons
Blaise Pascal serait webmaster
Aventures d'écrivains régionaux
Trois femmes et un amour
*La fille aux 200 doudous et autres pièces de théâtre pour
enfants*
**« Révélations » sur « les apparitions d'Astaffort » Jacques Brel
/ Francis Cabrel (les secrets de la grotte Mariette)**
*Théâtre 7 femmes 7 comédiennes - Deux pièces
contemporaines*
Théâtre pour femmes
Pièces de théâtre pour 8 femmes
Onze femmes et la star

Photos : (http://www.france.wf)
Montcuq, le village lotois
Cahors, des pierres et des hommes. Photos et commentaires Limogne-en-Quercy Calvignac la route des dolmens et gariottes
Saint-Cirq-Lapopie, le plus beau village de France ?
Saillac village du Lot
Limogne-en-Quercy cinq monuments historiques cinq dolmens
Beauregard, Dolmens Gariottes Château de Marsa et autres merveilles lotoises
Villeneuve-sur-Lot, des monuments historiques, un salon du livre... -Photos, histoires et opinions
Henri Martin du musée Henri-Martin de Cahors - Avec visite de Labastide-du-Vert et Saint-Cirq-Lapopie sur les traces du peintre
L'église romane de Rouillac à Montcuq et sa voisine oubliée, à découvrir - Les fresques de Rouillac, Touffailles et Saint-Félix

Livres d'artiste (http://www.quercy.pro)
Quercy : l'harmonie du hasard - Livre d'artiste 100% numérique

Essais : (http://www.essayiste.net)
Le manifeste de l'auto-édition - Manifeste politico-littéraire pour la reconnaissance des écrivains indépendants et une saine concurrence entre les différentes formes d'édition
Écrivains, réveillez-vous ? - La loi 2012-287 du 1er mars 2012 et autres somnifères
Le livre numérique, fils de l'auto-édition
Aurélie Filippetti, Antoine Gallimard et les subventions contre l'auto-édition - Les coulisses de l'édition française révélées aux lectrices, lecteurs et jeunes écrivains
Le guide de l'auto-édition numérique en France (Publier et vendre des ebooks en autopublication)
Réponses à monsieur Frédéric Beigbeder au sujet du Livre Numérique (Écrivains= moutons tondus ?)

Comment devenir écrivain ? Être écrivain ?
(Écrire est-ce un vrai métier ? Une vocation ? Quelle formation ?...)
Amour - état du sentiment et perspectives
Ebook de l'Amour
Copie privée, droit de prêt en bibliothèque : vous payez, nous ne touchons pas un centime - Quand la France organise la marginalisation des écrivains indépendants

Chansons : (http://www.parolier.info)
Chansons trop éloignées des normes industrielles
Chansons vertes et autres textes engagés
Chansons d'avant l'an 2000
Parodies de chansons
  De Renaud à Cabrel En passant par Cloclo et Jacques Brel

En chti : (http://www.chti.es)
Canchons et cafougnettes (Ternoise chti)
Elle tiote aux deux chints doudous (théâtre)

Politique : (http://www.commentaire.info)
Ce François Hollande qui peut encore gagner le 6 mai 2012 ne le mérite pas (Un Parti Socialiste non réformé au pays du quinquennat déplorable de Nicolas Sarkozy)
Nicolas Sarkozy : sketchs et Parodies de chansons
Bernadette et Jacques Chirac vus du Lot - Chansons théâtre textes lotois
Affaire Ségolène Royal - Olivier Falorni Ce qu'il faut en retenir pour l'Histoire - Un écrivain engagé, un observateur indépendant
François Fillon, persuadé qu'il aurait battu François Hollande en 2012, qu'il le battra en 2017 (?)

Notre vie (http://www.morts.info)

La trahison des morts : les concessions à perpétuité discrètement récupérées - Cahors, à l'ombre des remparts médiévaux, les vieux morts doivent laisser la place aux jeunes...

Cahors : Adèle et Marie Borie contre Jean-Marc Vayssouze-Faure - Appel à une mobilisation locale et nationale pour sauver les soeurs Borie...

Jeux de société
http://www.lejeudespistescyclables.com
La France des pistes cyclables - Fabriquer un jeu de société pour enfants de 8 à 108 ans
Autres :
La disparition du père Noël et autres contes
J'écris aussi des sketchs
Vive les poules municipales... et les poulets municipaux - Réduire le volume des déchets alimentaires et manger des oeufs de qualité

Œuvres traduites :

La fille aux 200 doudous :
- *The Teddy (Bear) Whisperer* (Kate-Marie Glover) - Das Mädchen mit den 200 Schmusetieren (Jeanne Meurtin)

- Le lion l'autruche et le renard :
- How the fox got his cunning (Kate-Marie Glover)

- Mertilou prépare l'été :
- The Blackbird's Secret (Kate-Marie Glover)

- *La fille aux 200 doudous et autres pièces de théâtre pour enfants (les 6 pièces)*
- La niña de los 200 peluches y otras obras de teatro para niños (María del Carmen Pulido Cortijo)

Mentions légales

Tous droits de traduction, de reproduction, d'utilisation, d'interprétation et d'adaptation réservés pour tous pays, pour toutes planètes, pour tous univers.

Site officiel : http://www.ecrivain.pro

Présentation des livres essentiels :
http://www.utopie.pro

Elle tiote aux deux chints doudous – **Théâtre chti de Stéphane Ternoise**

Dépôt légal à la publication au format ebook du 4 janvier 2012.

Imprimé par CreateSpace, An Amazon.com Company pour le compte de l'auteur-éditeur indépendant.
livrepapier.com

ISBN 978-2-36541-477-7
EAN 9782365414777